Inhalt

Flughäfen - In Deutschland wachsen die Großen, die Kleinen leiden

Kernthesen

Beitrag

Fallbeispiele

Zahlen und Fakten

Weiterführende Literatur

Impressum

GENIOS BranchenWissen Nr. 01 vom 23.01.2012

Flughäfen - In Deutschland wachsen die Großen, die Kleinen leiden

I.Zeilhofer-Ficker

Kernthesen

- Die 22 internationalen und 17 regionalen Flughäfen in Deutschland fertigten 2011 rund 200 Millionen Passagiere ab.
- Während sich die großen Drehkreuze Frankfurt, München, Berlin und Düsseldorf über satte Zuwächse freuten, mussten die meisten der kleinen Regionalflughäfen empfindliche Einbußen hinnehmen.
- So sind die Themen bei den Großflughäfen Expansion und Ausbau während die kleinen Flughäfen ohne Subventionen nicht

existieren können.
- Obwohl das Thema Konsolidierung immer wieder im Raum steht, werden nach wie vor neue Kleinflughäfen gebaut, die viele Millionen Euro an Steuergeldern verschlingen.

Beitrag

Fakten und Zahlen

Das Jahr 2011 erwies sich als ein gutes für den deutschen Luftverkehr. Allein im Sommer (April bis Oktober 2011) zählten die 22 internationalen und 17 regionalen Flughäfen 65 Millionen Passagiere, 3,4 Millionen mehr als im Vorjahreszeitraum. Insgesamt fertigten die deutschen Flughäfen 2011 rund 200 Millionen Fluggäste ab. (1)

Sieht man sich die Zahlen aber genauer an, so stellt man schnell fest, dass nur wenige Flughäfen Grund zum Jubeln haben. Nur fünf Flughäfen in Deutschland liegen bei mehr als zehn Millionen Passagieren pro Jahr. Diese Flughäfen arbeiten wenigstens einigermaßen kostendeckend. Unangefochten an der Spitze steht das Lufthansa-Drehkreuz in Frankfurt, das mit 56,44 Millionen Ein-

und Aussteigern 2011 einen neuen Rekord erreichte. Das Plus von 6,5 Prozent zum Vorjahr ist teilweise der umstrittenen vierten Start- und Landebahn geschuldet, die im vergangenen Oktober eröffnet wurde. (2)

Noch kräftiger stieg die Passagierzahl im zweiten Lufthansa-Hub München. 37,8 Millionen Passagiere bedeuten ein Wachstum von 8,8 Prozent, das nur von Berlin-Tegel mit plus 12,6 Prozent (auf 16,9 Millionen) übertroffen wurde. Düsseldorf konnte sich mit 20,3 Millionen Fluggästen um 7 Prozent steigern, Hamburg legte um 4,6 Prozent auf 13,56 Millionen zu. (3), [Abb. 1]

Uneinheitlich zeigen sich die folgenden fünf Airports. Köln, Berlin-Schönefeld und Nürnberg hatten leichte Einbußen (um die zwei Prozent). Stuttgart dagegen fertigte vier Prozent mehr Ein- und Aussteiger ab (9,6 Millionen). Von Hannover sind noch keine Zahlen bekannt. Ab Platz 11 wird die Situation kritisch. In Hahn und Weeze stiegen zwischen 16 und 17 Prozent weniger Fluggäste ein oder aus, die anderen Airports melden zwischen vier und fünf Prozent weniger Passagiere. Einzig Dresden konnte leicht zulegen. (4), (5), [Abb. 1]

Garant für einen erfolgreichen Flughafen scheinen die Langstreckenverbindungen zu sein. Direkte Verbindungen nach Amerika, Afrika oder Asien ziehen Fluggäste aus dem In- und Ausland an. Vor allem zahlungskräftige Geschäftsreisende legen wert auf die schnellen Direktstrecken. So hat sich beispielsweise Düsseldorf als Umsteigehub für die Air-Berlin-Langstrecken etabliert und dadurch Gäste gewonnen. Als Folge bietet auch die Lufthansa neue internationale Strecken von Düsseldorf aus an. Auch in Hamburg und Stuttgart boomt der Fernreiseverkehr und Berlin hofft auf zusätzliche attraktive Strecken nach der Eröffnung des neuen Hauptstadtflughafens Berlin-Brandenburg-International.

Luftverkehrssteuer - Dolchstoß für die Kleinen?

Schon als im Sommer 2010 bekannt gegeben wurde, dass ab 2011 eine Luftverkehrssteuer zu zahlen sei, wurden Befürchtungen laut, dass diese Steuer zu massivem Passagierschwund führen könnte. Tatsächlich hat die Steuer vor allem die Billigflieger getroffen, die wegen der niedrigeren Preise die kleineren Flughäfen in der Region nutzen. Die Steuer kann bei billigen Tickets von unter hundert Euro pro Strecke nicht einfach aufgeschlagen werden. Deshalb strichen die Low Cost Fluggesellschaften in Deutschland weniger attraktive Strecken einfach ganz. Vor allem Ryanair wurde nicht müde zu beteuern, dass die Steuer der Grund für die massiven

Streckenreduzierungen sei. Air Berlin führt einen Großteil seiner finanziellen Probleme auf die Steuer zurück - Zusatzkosten von 170 Millionen Euro seien ihr durch sie entstanden. Fakt ist, dass 16 Euro mehr für einen Inlandsflug und 25 Euro für eine Europaverbindung bei Niedrigpreisen schwer ins Gewicht fallen. So wurden geplante Kurz- und Städtereisen mit Billigflug vom Flughafen um die Ecke mangels Angebot abgesagt. (4), (5), (6), (7)

Die Luftverkehrssteuer wurde zum Anfang des Jahres 2012 geringfügig reduziert. Voraussichtlich wird diese Reduzierung aber durch die Kosten für die Teilnahme am Emissionshandel wieder aufgefressen. Den von den Low Cost Carriern abhängigen kleinen Flughäfen dürfte die Senkung also kaum helfen. Immer mehr wird die Existenz von regionalen Flughäfen zur politischen Frage. Denn tun sich die großen Flughafenbetreiber schon schwer genug damit, kostendeckend zu arbeiten, so gibt es unter den kleineren kaum einen Airport, der nicht auf Subventionen angewiesen wäre.

Flughäfen, die weniger als fünf Millionen Passagiere pro Jahr abfertigen, hängen in der Regel am Tropf der öffentlichen Kassen. Die Frachtabfertigung hilft einigen wenigen (Köln, Leipzig), die Verluste erträglich zu halten. Insgesamt erweisen sich aber immer mehr der regionalen Prestigeobjekte als Millionengräber für Steuergelder.

Ausbau der Großflughäfen nur unter Protest

Dagegen steigen die Passagierzahlen an den Großflughäfen weiter an. Sowohl für Frankfurt als auch für München gibt es deshalb Planungen für den weiteren Ausbau. Und Berlin erhält im Juni 2012 einen ganz neuen Großflughafen zur Bewältigung des Hauptstadtverkehrs. Kein Ausbau verläuft aber ohne massive Proteste aus der Bevölkerung. Zusätzlicher Fluglärm und gestörte Nachtruhe sind die Hauptkritikpunkte, Zerstörung von Naturlandschaften sowie Wertverlust von Eigentum weitere Argumente.

Frankfurt:

In Frankfurt wurde im Oktober eine vierte Startbahn eröffnet, die die bisherige Kapazität von 80 Starts- und Landungen pro Stunde auf erst einmal 90, später 120 Flugbewegungen vergrößert. Ein drittes Terminal, mit dem die Abfertigung von 81 Millionen Passagieren im Jahr möglich werden wird, soll ab 2013 gebaut werden. Schon Mitte 2012 wird ein Terminal-Anbau für zusätzliche Kapazitäten sorgen. Das Terminal Aplus, ausgelegt für sechs Millionen zusätzliche Fluggäste, wird an elf neuen Gates Riesenjets wie dem A380 Andockmöglichkeiten bieten. Neue Gates ermöglichen zusätzliche Flüge.

Mit jedem zusätzlichen Flug werden neue Arbeitsplätze geschaffen. Rund 17 500 Stellen gibt es momentan beim Flughafenbetreiber Fraport. Zählt man alle Arbeitnehmer der am Flughafen ansässigen 500 Unternehmen zusammen, ergeben sich rund 71 000 Arbeitsplätze mit einer Lohnsumme von etwa vier Milliarden Euro pro Jahr. Außerdem ist Fraport mit einer jährlichen Investitionssumme von rund einer Milliarde Euro einer der größten Auftraggeber im Rhein-Main Gebiet. (8), (17)

Kritiker sind an den wirtschaftlichen Vorteilen des Flughafens aber nicht interessiert. Seit der Inbetriebnahme der neuen Startbahn wird Woche für Woche gegen sie demonstriert. Denn durch den Betrieb der neuen Bahn wurden neue Flugrouten notwendig. Plötzlich sind Gebiete vom Fluglärm betroffen, die bisher nicht gestört worden waren. Die völlige Stilllegung der neuen Bahn verlangen die Gegner wohl vergeblich. Möglicherweise können sie aber ihre Nachtruhe retten. Denn darüber entscheidet im März 2012 das Bundesverwaltungsgericht in Leipzig. Schon zu Anfang der Planungen der neuen Bahn wurde mit den Anwohnern in einem Mediationsverfahren ein Nachtflugverbot im Ausgleich für den größeren Verkehr vereinbart. Trotzdem wurden im späteren Planfeststellungsbeschluss 17 Nachtflüge erlaubt. Ein vorläufiger Gerichtsbeschluss legte die Nachflüge deshalb erst einmal auf Eis, sodass seit Oktober nicht einmal mehr die bisher üblichen nächtlichen Frachtflüge erlaubt sind. (9)

Für den Luftfrachtverkehr in Frankfurt ist das Nachtflugverbot eine Katastrophe, die viele Millionen zusätzliche Kosten verursacht. Denn für Expressanlieferungen in andere Erdteile ist der so genannte Nachtsprung mit Frachtmaschinen ein Muss. Momentan werden die vollen Frachtmaschinen am frühen Abend von Frankfurt nach Köln gebracht, um von dort dann zur üblichen Nachtzeit zum Bestimmungsort zu fliegen. Wird das Nachtflugverbot vom Bundesverwaltungsgericht bestätigt, so hat die Lufthansa aber bereits mit einer Verlagerung es Frachtverkehrs nach München gedroht. Auch die Nutzung der Flughäfen Hahn oder Köln/Bonn stehen zur Debatte. (10)

München:

Doch in München sind kaum weniger Einwände zu erwarten. Schon im laufenden Jahr sollte dort mit dem Bau einer dritten Start- und Landebahn begonnen werden, um dem weiter steigenden Passagieraufkommen gerecht zu werden. Der entsprechende Planfeststellungsbeschluss liegt vor. Doch mehr als 20 Einspruchsverfahren beim Bayerischen Verwaltungsgerichtshof haben die Planungen vorerst gestoppt. Hauptklagepunkte sind auch hier die Lärmbeeinträchtigung sowie die

Belastungen für das Ökosystem und die Anwohner. Zudem wird die Notwendigkeit einer dritten Startbahn an sich angezweifelt. Das Gericht hat angeregt, mit den Bauarbeiten zu warten, bis über die Klagen im Hauptverfahren entschieden ist. Die Flughafeneigner, die Stadt München und das Land Bayern, sowie das Flughafenmanagement haben zu erkennen gegeben, dass sie sich wohl dem Vorschlag des Gerichts unterwerfen wollen. Der Bau eines Satelliten-Terminals geht allerdings ungestört weiter. Im Jahr 2015 soll das Gebäude in Betrieb genommen werden. (11)

Berlin:

Am 3. Juni 2012 soll der neue Flughafen Berlin-Brandenburg-International Willy Brand den Betrieb aufnehmen. Die alten Flughäfen Schönefeld und Tegel werden geschlossen, alle Flugaktivitäten am neuen Airport konzentriert. Der auf bis zu 27 Millionen Passagiere ausgelegte Flughafen könnte allerdings schon bald an seine Grenzen stoßen - 2011 lag das Fluggast-Aufkommen der beiden bestehenden Airports bereits bei über 24 Millionen. Und sowohl Air Berlin als auch Lufthansa haben angekündigt, dass sie ihr Engagement in Berlin von Juni an wesentlich verstärken wollen. Auch in Berlin soll der Flughafen als Jobmotor fungieren und Tausende neuer Jobs schaffen. Doch Proteste gegen den Lärm gibt es auch hier. Ein Nachtflugverbot zwischen 22 Uhr und 6 Uhr morgens wird gefordert, auch die geplanten Flugrouten stehen in der Kritik. Letztlich entscheidet das Bundesaufsichtsamt für Flugsicherung über die Routen. Doch wie auch immer der Routenverlauf sein wird, Luftverkehr ohne Lärm wird es in den nächsten Jahrzehnten nicht geben - weitere Proteste sind also vorprogrammiert. (12)

Trends

Das Problem Lärm durch startende und landende Flugzeuge ist beileibe kein neues. Schon seit den 50er Jahren arbeiten Techniker an der Reduzierung des Flugzeuglärms. Eigentlich mit Erfolg - moderne Maschinen erzeugen um drei Viertel weniger Lärm als die Jets vor 40 Jahren. Dafür hat sich aber die Anzahl der Flugbewegungen vervielfacht. Die Flughäfen versuchen dem Problem mit nach Lärmerzeugung gestaffelten Start- und Landegebühren Herr zu werden. Außerdem werden neue Anflugverfahren wie Point Merge oder kontinuierlicher Sinkflug (CDO) getestet, die die Lärmbelastung der Anwohner verringern sollen. (14), (15)

Auch die EU-Behörden in Brüssel schenken dem Problem mittlerweile große Aufmerksamkeit. Der EU-Verkehrskommissar fordert einheitliche Bedingungen für lärmbedingte Betriebsbeschränkungen in der EU. Nachtflugverbote würden dadurch möglicherweise aufgehoben. Obwohl Brüssel beschwichtigt, befürchten die Flughafenanrainer eine weitere Verschlechterung ihrer Position. (16)

Fallbeispiele

Die **Fraport AG**, unter anderem Betreiber des Frankfurter Rhein-Main-Flughafens hat von Januar bis September 2011 einen Umsatz von 1,79 Milliarden Euro erzielt. Das Konzern-Ergebnis wurde zum Vorjahreszeitraum auf 225,6 Millionen Euro verbessert. Schätzungen für das Gesamtjahr 2011 liegen bei einem Umsatz von 2,3 Milliarden Euro. (17)

Auch der **Flughafen Stuttgart** gehört zu den wenigen in Deutschland, die im letzten Jahr ein positives Ergebnis erwirtschafteten. 24 Millionen Euro Gewinn erzielte der Airport bei 9,6 Millionen Passagieren. Auch in Zukunft will der Flughafen ohne Finanzhilfen der öffentlichen Hand auskommen. (18)

In wirtschaftlichen Schwierigkeiten steckt dagegen der **Flughafen Nürnberg**. Auf 143 Millionen Euro hatten sich die Schulden im Laufe der letzten Jahre erhöht. Ende 2011 entschärften die Gesellschafter, die Stadt Nürnberg und der Freistaat Bayern, die wirtschaftliche Notlage durch eine zusätzliche Einlage von 40 Millionen Euro. Restrukturierungsmaßnahmen sollen nun

Betriebskosten-Einsparungen von sechs Millionen Euro ermöglichen. Bis zum Jahr 2016 will man endlich wieder ein ausgeglichenes Ergebnis erreichen. (19)

Der Provinz-**Flughafen Kassel-Calden** wird zurzeit kräftig ausgebaut, 270 Millionen Euro werden investiert. Der Nutzen indes bleibt unklar. Liegt doch der Flughafen Paderborn nur 70 Kilometer, Dortmund 140 Kilometer, Erfurt 160 Kilometer und Hannover 180 Kilometer entfernt. Selbst für die 200 Kilometer nach Frankfurt braucht man weniger als zwei Stunden Fahrtzeit. Es ist kaum vorstellbar, dass sich diese Investition je rechnen wird. (13)

Zahlen & Fakten

Abbildung 1: Passagieraufkommen 2010/2011

in Millionen

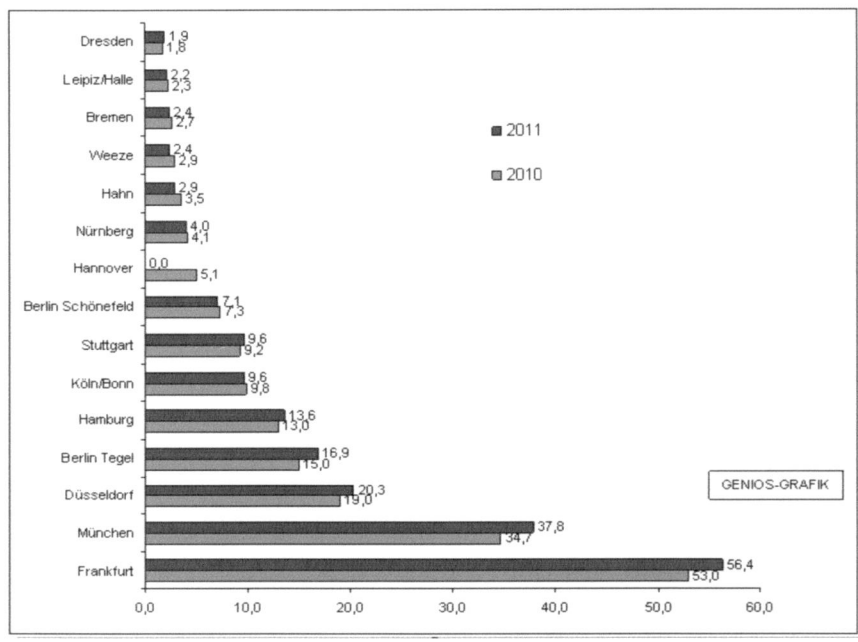

Quelle: ADV Arbeitsgemeinschaft Deutscher Verkehrsflughäfen (20) eigene Recherchen und Zusammenstellung

Weiterführende Literatur

(1) 3,4 Millionen Fluggäste mehr in Deutschland aus Handelsblatt online vom 30.12.2011

(2) Fraport Traffic Figures - December & Full Year 2011: FRA Achieves New Passenger Records aus Handelsblatt online vom 30.12.2011

(3) Im Steigflug
aus SZ Regionalausgabe, 18.01.2012, Ausgabe Wolfratshausen

(4) Airport Weeze mit wenig Optimismus
aus Rheinische Post Nr. vom 09.01.2012

(5) Frachtrekord am Flughafen Hahn
aus Rhein-Zeitung vom 14.01.2012, Seite 15

(6) Luftfahrt auf ungewissem Kurs Verkehr Der Branche bringt das neue Jahr zwei konträre Neuerungen: Die Ticketsteuer in Deutschland wird etwas günstiger, doch gleichzeitig startet die EU ein Preissystem für den -Ausstoß.
aus Coburger Tageblatt vom 31.12.2011, S. 30

(7) Weniger Flüge, weniger Gäste Luftverkehrssteuer stutzte Billigfliegern die Flügel
aus Nassauische Neue Presse vom 23.12.2011, Seite 1

(8) N ur eines nervt eingefleischte Ausbaugegner fast genauso sehr wie der Lärm, den der Frankfurter Flughafen mit seinen Maschinen in der Luft produziert: der Lärm, den der Flughafen-Betreiber um seine Rolle als Jobmaschine macht.
aus Nassauische Neue Presse vom 15.10.2011, Seite 1

(9) Unsanftes Landen
aus DIE ZEIT, 12.01.2012 Nr. 03 Seite 014

(10) Frankfurt: Airlines klagen über hartes Nachtflugverbot

aus DVZ, Nr. 02 vom 05.01.2012

(11) Bayern wartet bei dritter Startbahn ab
aus Frankfurter Allgemeine Zeitung, 17.01.2012, Nr. 14, S. 4

(12) Ready to take off! Die Zeichen stehen auf Wachstum
aus DIE WELT Berlin, 30.12.2011, Nr. 305, S. 37

(13) Starts in Calden vom ersten Tag an
aus DIE WELT Berlin, 30.12.2011, Nr. 305, S. 37

(14) Höhere Gebühren für laute Maschinen gefordert
aus Berliner Morgenpost, 12.01.2012, Nr. 11, S. 3

(15) Reißverschlussverfahren in der Luft - FLUGHAFEN Neuartiges Anflugsystem wird für Rhein-Main erforscht / Gleitflug schon ab Mitte Januar
aus Allgemeine Zeitung vom 11.01.2012

(16) EU will Flughäfen regulieren
aus Allgemeine Zeitung vom 11.01.2012

(17) Verkehrs- und Geschäftsentwicklung weiterhin positiv / Fraport bekräftigt Prognose für 2011
aus ots news schweiz - Wirtschaft vom 10.11.2011

(18) Minister will den "ersten grünen Flughafen"
aus ots news schweiz - Wirtschaft vom 10.11.2011

(19) Frankens Tor zur Welt in Schieflage Luftverkehr Der Nürnberger Flughafen kämpft mit

wirtschaftlichen Schwierigkeiten. Mit Hilfe einer "Arbeitsgruppe Flughafen" will die Stadt die Rahmenbedingungen für den Airport verbessern.
aus Coburger Tageblatt vom 05.01.2012, S. 3

(20) Verkehrszahlen
aus Coburger Tageblatt vom 05.01.2012, S. 3

Impressum

Flughäfen - In Deutschland wachsen die Großen, die Kleinen leiden

Bibliografische Information der deutschen Nationalbibliothek

Die Deutsche Nationalbibliothek verzeichnet diese Publikation in der deutschen Nationalbibliografie; detaillierte bibliografische Daten sind im Internet über http://dnb.d-nb.de abrufbar.

ISBN: 978-3-7379-2995-0

© 2015 GBI-Genios Deutsche Wirtschaftsdatenbank GmbH, Freischützstraße 96, 81927 München, www.genios.de

Alle Rechte vorbehalten. Dieses Werk ist einschließlich aller seiner Teile – z.B. Texte, Tabellen und Grafiken - urheberrechtlich geschützt. Jede Verwertung außerhalb der Grenzen des Urheberrechtsgesetzes bedarf der vorherigen Zustimmung des Verlags. Dies gilt insbesondere auch für auszugsweise Nachdrucke, fotomechanische

Vervielfältigungen (Fotokopie/Mikroskopie), Übersetzungen, Auswertungen durch Datenbanken oder ähnliche Einrichtungen und die Einspeicherung und Verarbeitung in elektronischen Systemen.